LE
de
Noël
LAROUSSE

ILLUSTRATIONS

Margaux Bouvier : pp. 8, 11, 13, 17, 19, 25, 27, 29, 32, 37, 39, 42, 45, 49, 51, 56, 58, 63, 65, 69, 71, 76, 78, 80, 85, 89, 91, 95, 97, 99, 103, 108, 111, 114, 116, 119, 124, 127, 130, 132, 135, 140, 143, 145, 147, 151, 154, 158, 160, 165, 169, 171, 175, 176, 179, 183, 187, 190.

Alain Boyer : pp. 6, 22, 38, 54, 70, 86, 102, 118, 134, 150, 166, 182, frises et couverture.

René Cannella : pp. 10, 12, 15, 18, 20, 24, 30, 31, 33, 35, 40, 43, 47, 50, 52, 55, 60, 62, 64, 67, 72, 74, 79, 82, 84, 88, 90, 93, 96, 100, 105, 107, 109, 112, 117, 120, 122, 126, 128, 133, 136, 138, 142, 144, 149, 152, 155, 157, 162, 164, 167, 170, 173, 177, 181, 185, 189, 191.

Marie Ligier de Laprade : pp. 7, 9, 14, 16, 21, 23, 26, 28, 34, 36, 41, 44, 46, 48, 53, 57, 59, 61, 66, 68, 73, 75, 77, 81, 83, 87, 92, 94, 98, 101, 104, 106, 110, 113, 115, 121, 123, 125, 129, 131, 137, 139, 141, 146, 148, 153, 156, 159, 161, 163, 168, 172, 174, 178, 180, 184, 186, 188.

Direction de la publication : Isabelle Jeuge-Maynart, Ghislaine Stora
Direction éditoriale : Séverine Charbonnel-Bojman
Édition : Magali Corbel
Responsable artistique : Laurent Carré
Mise en page : Christelle Defretin
Lecture-correction : Joëlle Narjolet
Fabrication : Nicolas Schott
Photogravure : Nord Compo

21, rue du Montparnasse - 75006 Paris

ISBN : 978-2-03-587596-9
Conforme à la loi n° 49 956 du 16 juillet 1949 sur les publications destinées à la jeunesse.

LE PETIT LIVRE des blagues de Noël

Éric Berger, Célia Gallais, Pascal Guichard, Michèle Lecreux et Clémence Roux de Luze

LAROUSSE

Sommaire

Super Père Noël

Superman et Spider-Man ont des superpouvoirs, mais il existe un gros bonhomme rouge qui est encore plus fort qu'eux ! Super Père Noël peut faire le tour de la Terre en une seule nuit, ça, tu le sais ;

il a un gros ventre mais il peut se glisser dans les plus petites cheminées, tu le sais aussi ; mais connais-tu tous ses autres superpouvoirs ?

Super Père Noël ne porte pas de montre.
C'est lui qui décide de l'heure qu'il est.

La seule chose qui arrive à la cheville
de Super Père Noël, c'est sa chaussette.

Quand Google ne trouve pas
quelque chose, il demande à
Super Père Noël.

Super Père Noël
est capable de laisser
un message avant le bip sonore.

Super Père Noël
peut applaudir
d'une seule main.

Super Père Noël peut encercler ses ennemis. Tout seul. Même pas besoin de ses rennes.

Super Père Noël est en couleurs sur les photos en noir et blanc.

Super Père Noël n'a pas besoin de boussole. C'est lui qui décide de l'endroit où il se trouve.

Super Père Noël mange les emballages des Carambar. On ne blague pas avec Super Père Noël.

Super Père Noël peut se souvenir du futur.

Quand un moustique pique Super Père Noël, c'est le moustique qui se gratte.

Super Père Noël est né dans une maison en rondins qu'il a construite lui-même.

Super Père Noël peut traverser l'autoroute à cloche-pied.

Quand Super Père Noël était petit, c'était sa mère qui mangeait ses légumes.

La seule fois où Super Père Noël a eu tort, c'est quand il a cru qu'il avait fait une erreur.

Super Père Noël fait du saut à l'élastique sans élastique : il trouve que c'est plus fun.

Quand Super Père Noël lance un boomerang, le boomerang ne revient pas : il a trop peur.

Quand la tartine de Super Père Noël tombe, la confiture change de côté.

Super Père Noël peut manger du riz avec une seule baguette.

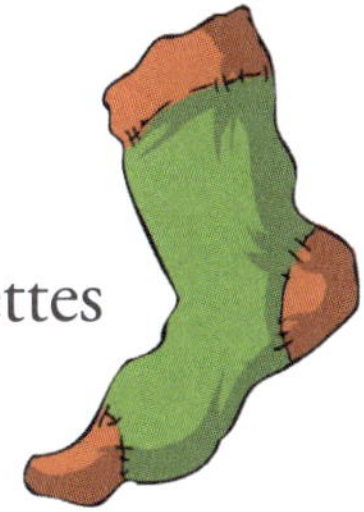

Super Père Noël peut enlever ses chaussettes sans enlever ses chaussures.

Super Père Noël était déjà barbu à sa naissance.

Super Père Noël a déjà fait « 7 » en lançant un dé.

Super Père Noël peut faire pleurer la Vache qui rit.

Super Père Noël est tombé de son traîneau un 29 février... Depuis, le 29 février tente de faire une apparition tous les 4 ans, en espérant que Super Père Noël ne le remarque pas.

Super Père Noël a commencé une partie de « Ni oui, ni non » à l'âge de cinq ans. Il n'a toujours pas perdu...

Si la Terre est ronde, c'est pour que Super Père Noël n'ait pas à faire demi-tour avec son traîneau.

Quand Super Père Noël grimpe une montagne à vélo, il doit freiner dans les virages.

Voldemort a peur d'appeler Super Père Noël par son nom.

Super Père Noël sait faire du feu en frottant des glaçons.

Super Père Noël peut claquer des doigts de pieds.

Super Père Noël peut croiser deux droites parallèles.

Super Père Noël beurre ses biscottes sans les casser.

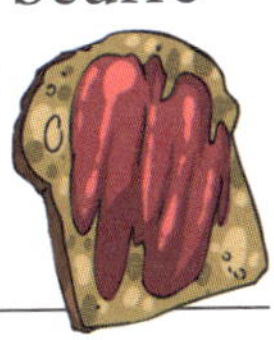

Quand Super Père Noël s'aperçoit qu'il a sauté de l'avion sans son parachute, il remonte le chercher.

Super Père Noël peut faire rentrer 3 litres d'eau dans une bouteille d'un litre.

Super Père Noël peut jouer à pile ou face avec un ballon de rugby.

Super Père Noël ne prend pas l'avion… Il n'a pas peur, mais son traîneau est plus rapide.

Super Père Noël peut faire du jus d'orange avec un pamplemousse.

Super Père Noël arrive à manger des chips en les piquant avec une fourchette.

Super Père Noël fait le Tour de France sur la Lune.

Super Père Noël peut refermer ses canettes.

Quand Super Père Noël fait du ski nautique, c'est lui qui tire le bateau.

Une question d'heure

Fin décembre, au tribunal, le juge est de bonne humeur. Il demande au prisonnier :
« Quels sont les faits qui vous sont reprochés ?
- On me reproche d'avoir fait mes achats de Noël trop tôt !
- Mais ce n'est pas un crime, ça. Et comment ça, trop tôt ? !
- Ben, avant que le magasin n'ouvre... »

Argent de poche

« Papa, papa ! J'ai rêvé que le Père Noël me donnait 100 € !

- Eh bien, puisque c'est jour de fête, tu peux les garder ! »

Un régime efficace

Pour pouvoir rentrer dans sa robe du réveillon, une dame va à la pharmacie et achète pour 300 € de produits amincissants. Elle demande à voix basse à l'employée :

« Vous pensez que je perdrai combien avec tout ça ?
- 300 € ! »

Pas de fumée sans feu

Le Père Noël arrive sur un toit. De la fumée sort de la cheminée :

« Ah, c'est un message des parents Sioux pour me dire que leurs petits Indiens n'ont pas été sages cette année ! »

Un problème de bon sens

Une chorale répète pour la messe de minuit. Le curé, décelant quelque chose d'anormal, demande à chacun de chanter seul.
Vient le tour de Patrick.
Celui-ci entonne bruyamment :
« Léon ! Léon !
- Patrick ! Arrête ! s'exclame le prêtre. Tu tiens ton livre de chant à l'envers. Les paroles, c'est : "Noël, Noël" ».

Pauvres sapins

Maëlys fait cette remarque à son papa :

« À Noël, les sapins travaillent tellement qu'ils en attrapent des ampoules ! »

Ne jamais se précipiter

« Il faudrait un peu savoir ce que tu veux, dit un homme à sa femme. Depuis près d'un an, tu me cries, matin et soir, de démonter les guirlandes de Noël. Et aujourd'hui, où je me décide à le faire, tu ne veux plus que je le fasse, sous prétexte que la semaine prochaine c'est Noël. »

Vœux de Noël

Le papa de Marion la questionne sur ce qu'elle a demandé au Père Noël. Marion lui répond :
« Je lui ai demandé qu'il vienne plus souvent... »

Visite royale

Au château de Versailles, le Père Noël, un peu fatigué, s'assied sur un fauteuil. Le gardien arrive, affolé :

« Mais levez-vous, c'est le fauteuil de Louis XIV !

- Ne vous en faites pas, je le lui rendrai dès qu'il reviendra. »

Soyons précis !

Guillaume demande l'heure à son papa car il a hâte de savoir quand le Père Noël va passer.

« Dans 10 minutes, il sera minuit.

- Mais je ne te demande pas l'heure qu'il sera dans 10 minutes, juste l'heure qu'il est maintenant ! »

Code de la route

Un policier arrête le Père Noël au volant de sa voiture de sport :

« Voyons, Père Noël, vous n'avez pas vu le panneau ?

- Si, mais c'est vous que je n'avais pas vu ! »

Code de la route, bis

Quelques jours plus tard, le même agent arrête de nouveau le Père Noël en ville.

« Père Noël, vous avez dépassé les 90 !

- Vous croyez ? Oh non, ce doit être ma barbe qui me vieillit ! »

Belle nuit !

C'est très facile de déchiffrer un rébus : il suffit de prononcer à voix haute le nom de chaque dessin pour entendre une phrase amusante.

Entraîne-toi avec ce premier rébus :

Je réveillonne chez mamie (jeux, réveil, eau, nœud, CH'haie, mât, mie).

Qu'a demandé Anatole au Père Noël ?

Un camion de pompiers (un, K, mi, ON, deux, pompier).

Où mange-t-on du pudding pour Noël ?

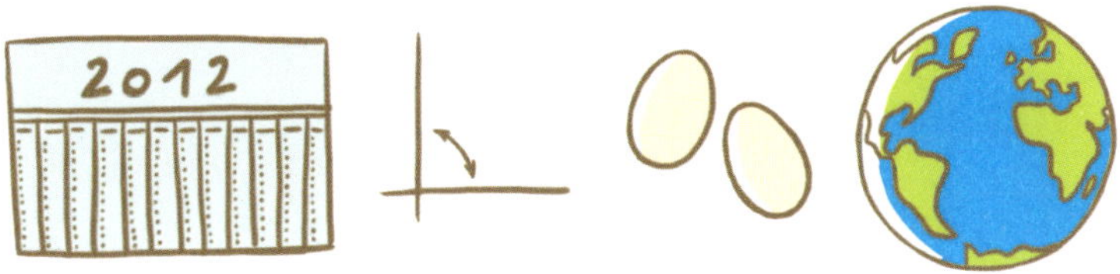

En Angleterre (an, angle, œufs, Terre).

Voilà ce que Célia a mangé pour Noël…

Un chapon, des pommes de terre, une bûche au caramel (un, chat, pont, dé, pomme, deux Terre, U, nœud, bûche, eau, K, rat, M'aile).

Qu'a trouvé la maman de Jonathan au pied du sapin ?

Un parfum, deux bracelets (1, part, F'1, deux bras, C'œufs, lait).

Sais-tu pourquoi Albert est très heureux ?

Il a reçu un camion téléguidé (île, A, R'œufs, SU, un, K, mi, ON, télé, gui, dé).

Sais-tu pourquoi Isabelle est en pleurs ?

Elle n'a pas trouvé de cadeaux sous le sapin (aile, nappe, A, trou, V, deux, K, dos, S'houx, L'œufs, SA, pain).

Quels sont les fruits préférés des enfants pour Noël ?

Ils aiment beaucoup les clémentines et les oranges (île, Z'haie, meuh, B'eau, cou, L'haie, clé, M'an, TI, nez, L'haie, ZOR, ange).

Médor est très heureux de ses cadeaux.

Il a trouvé une laisse rouge et un os en plastique (île, A, trou, V, U, nœud, lait, S'œufs, roux, jeu, haie, un, os, an, plat, S'tique).

Muriel adore préparer la fête de Noël.

À Noël, de jolies boules multicolores décorent le sapin (anneau, aile, deux, J'eau, lit, bout, L'œufs, mule, TI, colle, or, dé, cor, L'œufs, SA, pain).

Que dit Céline qui a fait brûler la viande pour le réveillon ?

J'ai oublié d'éteindre sous la poêle (G, houx, B'lit, haie, dé, thym, DR'œufs, S'houx, la, pot, aile).

Heureusement, elle avait pensé à préparer une entrée qui a plu aux invités !

Saumon fumé et crème au citron plus pain grillé (seau, mont, fumée, haie, craie, meuh, eau, six troncs, plus, pain, grille, haie).

Papa n'est pas là

Antoine a une super idée pour recevoir le bon cadeau à Noël : il demande à sa maman s'il peut jouer au papa. Sa maman accepte, et Antoine s'installe sur la chaise de son papa en disant :

« Dis-moi, chérie, ce serait bien si le Père Noël apportait un vélo de course au petit, non ? »

Politesse

Avant de partir passer les fêtes de Noël en famille, la mère de Gabriel dit à son fils :

« Tu as intérêt à bien te tenir chez Nathalie !

- Pourquoi, c'est en pente chez elle ? »

Lettre de Léa au Père Noël

« Cher Père Noël, je voudrais un chien qui aboie, un lion qui rugit, une vache qui fait “meuh” et des parents… en peluche ! »

C'est pas gagné !

Les lutins du Père Noël jouent aux cartes. Quand vient son tour de prendre une carte, le plus jeune, qui a seulement 212 ans, s'exclame :

« J'espère que personne n'a vu mon roi !

- Mais enfin, dit un autre lutin, il ne faut pas dire quelle carte on a pioché !

- Je le sais bien, c'est pourquoi je ne vous ai pas dit que c'était un roi de cœur ! »

Un problème de taille

Zoé demande son âge au Père Noël :

« Oh, je suis si vieux que je ne m'en souviens plus !

- Tu n'as qu'à faire comme moi : tu regardes sur tes vêtements. Moi, par exemple, c'est écrit “6 ans” sur l'étiquette de ma jupe ! »

Une idée « au poil » !

Gaston explique au Père Noël :

« Plus tard, moi aussi j'aurai une barbe.

- Ah bon, tu trouves cela joli ?

- Pas trop, mais comme ça j'aurai moins de figure à laver. »

Fruits de mer

Le 26 décembre, un homme se rend chez son médecin et se plaint d'avoir eu très mal au ventre après le réveillon.

« Vous avez mangé des huîtres ? demande le médecin.

- Oui, c'est vrai, c'était même la première fois.

- Elles n'étaient peut-être pas fraîches ? Vous les avez senties après les avoir ouvertes ?

- Ah, répond le malade, parce qu'il fallait les ouvrir avant de les manger ? »

Quelle bonne idée !

« Maman, ce n'est pas juste ! se plaint Alice. Avant Noël, on a un calendrier de “l'Avent”… pourquoi est-ce qu'on n'a pas ensuite de calendrier de “l'après” ? »

Un beau cadeau

Margot voit que sa maman a trouvé sous le sapin un très joli bracelet. Elle lui dit :

« Tu as reçu un beau cadeau ! Il va très bien à ton détroit !

- Mon détroit ? Tu veux dire mon bras ?

- C'est pareil ! Notre professeur nous a dit qu'un détroit, c'était un bras de mère ! »

Quand on aime, on ne compte pas

Le 24 décembre, un homme cherche des idées de cadeaux pour sa femme. Il entre dans une bijouterie et demande :

« Combien coûte cette bague ?

- 500 euros, monsieur.

- Oups, c'est cher ! Et celle-ci ?

- Deux oups, monsieur ! »

Un grave handicap

Juliette écrit sa lettre au Père Noël. Sa maman s'étonne :

« Pourquoi tu écris si gros, voyons ?

- Ben, le Père Noël n'est pas tout jeune, il doit être un peu sourd, tu ne crois pas ? »

RÉZOOLUTIONS

Au 1er janvier, on fait généralement des promesses qu'on essaie de tenir toute l'année : arrêter de faire ses devoirs à la dernière minute, devenir meilleur au football, ne plus se disputer avec ses frères et sœurs, etc. !
Et si les animaux aussi choisissaient de prendre de bonnes résolutions ?

Quelle est la résolution de la taupe le 1er janvier ?

C'est de rester au « taupe » !

Quelle est la bonne résolution du kangourou ?

C'est de s'en mettre plein la poche.

Quelle est la résolution du cachalot le 1er janvier ?

C'est de gagner une partie de cache-cache sur terre.

Quelle est la résolution du bouc le 1er janvier ?

C'est de prendre au moins un bain cette année !

Quelle est la résolution du caïman le 1er janvier ?

C'est d'arrêter de s'énerver quand on lui dit qu'un crocodile et un alligator, c'est « caïman la même chose » !

Quelle est la bonne résolution du bernard-l'ermite ?

C'est de se trouver une maison rien qu'à lui.

Quelle est la bonne résolution du dromadaire ?

C'est de prendre exemple sur le chameau, et de bosser deux fois plus !

Quelle est la résolution de la girafe le 1er janvier ?

C'est d'arrêter de prendre tout le monde de haut !

Quelle est la résolution du rhinocéros le 1er janvier ?

C'est de ne plus se laisser faire et de se transformer en « rhino-féroce » !

Quelle est la bonne résolution de la petite souris ?

C'est de s'occuper de ses dents plus souvent, au lieu de celles des autres.

Quelle est la bonne résolution de la carpe ?

C'est de devenir un peu plus bavarde.

Quelle est la bonne résolution du zèbre ?

C'est de voir la vie en couleurs !

Quelle est la résolution du cochon le 1er janvier ?

C'est d'avoir meilleur caractère.

Quelle est la résolution du chimpanzé le 1er janvier ?

C'est d'arrêter de chercher des poux aux autres.

Quelle est la bonne résolution du lapin ?

C'est de continuer à poser des lapins à tous les chasseurs qui seront sur son chemin.

Quelle est la bonne résolution de la vipère ?

C'est d'avoir la langue un peu moins pendue.

Quelle est la résolution du ver luisant le 1er janvier ?

C'est de mettre son clignotant quand il dépasse une limace.

Quelle est la résolution du lièvre le 1er janvier ?

C'est de battre enfin cette chipie de tortue à la course !

Quelle est la bonne résolution de la palourde ?

C'est de garder la ligne.

Quelle est la résolution de la vache le 1er janvier ?

C'est d'éviter le pis.

Quelle est la bonne résolution du bébé caméléon ?

C'est de ne plus en faire voir de toutes les couleurs à ses parents.

Quelle est la bonne résolution de l'ours blanc ?

C'est de ne plus manger d'Esquimau.

Quelle est la bonne résolution de la coccinelle ?

C'est de ne pas attraper de points de côté.

Quelle est la bonne résolution du lion le 1er janvier ?

C'est d'emmener sa lionne en voyage à Lyon.

Quelle est la résolution de la chèvre le 1er janvier ?

C'est de s'inscrire à un cours d'« aérobique ».

Quelle est la bonne résolution de l'abeille ?

C'est d'envoyer un « e-miel » à toute la famille.

Quelle est la résolution du cygne le 1er janvier ?

C'est d'apprendre le langage des signes.

Quelle est la résolution du chat au 1er janvier ?

C'est de prendre des cours de cha-cha-cha.

Quelle est la bonne résolution du crabe ?

C'est d'attraper des crevettes sans se faire pincer.

Quelle est la bonne résolution de l'huître ?

C'est de trouver la perle rare.

Quelle est la bonne résolution du poisson-scie ?

C'est d'apprendre à faire la planche.

Quelle est la résolution d'un canard au 1er janvier ?

C'est de clouer le bec aux chasseurs.

Quelle est la résolution d'un poisson au 1er janvier ?

C'est de ne pas manger de pêches.

Quelle est la bonne résolution de l'araignée ?

C'est de se faire des toiles plus souvent !

Quelle est l'autre bonne résolution de l'araignée ?

C'est d'exposer ses toiles dans une galerie.

Quelle est la résolution d'un pou au 1er janvier ?

C'est de se passer un coup de peigne.

Quelle est la bonne résolution d'un ours amoureux ?

C'est d'aimer sa compagne de p(e)luche en p(e)luche.

Quelle est la bonne résolution d'une chauve-souris ?

C'est de ne pas se faire de cheveux blancs.

Quelle est la résolution d'un cochon au 1er janvier ?

C'est de voyager aux « quatre groins » du monde.

Quelle est la bonne résolution de l'agneau ?

C'est de rester doux !

Hou ! Le gourmand…

Sans attendre le réveillon, Paul-Émile a grignoté tout l'après-midi dans la cuisine. Quand sa maman s'en aperçoit, elle lui dit :

« Paul-Émile, tu exagères, tu as mangé toute la bûche sans penser aux autres !

- Oh si, maman, j'y pensais tout le temps, je me disais : “Pourvu que personne n'arrive ! ” ».

Honnêteté

Sa grand-mère demande à Louis le moment qu'il préfère à l'école.

« Comme en ce moment, quand elle est fermée ! »

Nostalgie

Joseph joue avec une voiture de collection qui était à son papa.

« Elle était à moi quand j'étais tout petit, dit le papa. Le Père Noël me l'a offerte quand j'avais 3 ans.

- Hé ben, tu devais être drôlement petit à 3 ans, pour rentrer dedans ! »

Un record de vitesse

Quelques jours après Noël, Émilie est ravie :

« J'ai battu un record !

- Ah bon ?

- Oui, j'ai réussi à faire en une heure un puzzle sur lequel il est écrit “de 6 à 8 ans”. »

Premier secours

L'après-midi du 25 décembre, Édouard demande si on peut aller acheter des bananes. Ses parents répondent que tout est fermé, qu'il n'y a pas de bananes à la maison, mais que, s'il veut des fruits, il y a plein de clémentines.

« Non, non, il me faut absolument des bananes parce que le Père Noël m'a apporté une panoplie de médecin : j'ai hâte de l'essayer, et en jetant des peaux de bananes, cela peut augmenter mes chances ! »

Le prix des choses

Mathieu, qui a peur d'être oublié par le Père Noël, entre dans un magasin de jouets pour s'offrir un joli train. Il tend à la vendeuse des billets de jeu de société.

« Ce ne sont pas des vrais billets, dit-elle.

- Ce n'est pas non plus un vrai train, répond Mathieu. »

Sans danger

Lou demande à son arrière-grand-mère :

« Tu as des bonnes dents ?

- Oh non, plus tellement, à mon âge !

- Super ! Tu peux garder les chocolats et les caramels que j'ai eus à Noël ? »

Soyons prudents

À genoux devant la cheminée, Élouan crie :

« PÈRE NOËL, JE VEUX UN TRAIN électrique !

Après un léger silence :

- PÈRE NOËL, JE VEUX UN TRAIN électrique !

Et encore :

- PÈRE NOËL, JE VEUX UN TRAIN électrique !

À ce moment-là, son papa intervient :

- Ce n'est pas la peine de crier comme ça : le Père Noël n'est pas sourd !

- Le Père Noël n'est peut-être pas sourd... mais Grand-Mère si ! »

Quelle famille !

Le 25 décembre, au moment de passer à table, les enfants n'arrêtent pas de se disputer. Agacée, leur maman leur demande :

« C'est le soir du réveillon ! Que faut-il faire pour que tout le monde s'entende bien pour une fois ?

- Parler plus fort ? propose Jérôme… »

Noël en prison

Le soir de Noël, le gardien de prison est pris de pitié pour un détenu.

« J'ai remarqué que tu n'avais jamais de visite ; tu n'as pas de famille, ni d'amis ?

- Si, mais ils sont tous ici ! »

Charades

Les charades sont un jeu amusant qui ressemble à une suite de devinettes.

Entraîne-toi avec celle-ci :

Mon premier est une boisson pour les bébés.
Mon deuxième est la femme d'un roi.
Mon troisième vaut moins que 3.
Mon quatrième est une fête d'hiver.
Mon tout désigne les animaux préférés du Père Noël.

Les rennes de Noël (lait, reine, 2, Noël).

Mon premier est rond et jaune au tennis.
Mon deuxième est de 365 jours.
Mon troisième est avant la nuit.
Mon tout est un chouette cadeau à mettre dans le jardin.

Balançoire (balle – an – soir).

Mon premier est une note de musique.
Mon deuxième ne se couche pas tôt.
Mon troisième est un pronom personnel indéfini.
Mon tout est un soir de fête.

Réveillon (ré – veille – on).

Mon premier a six faces.
Mon deuxième est le début du mot « coffre ».
Mon troisième est une part de nourriture.
Mon tout embellit le sapin.

Décoration (dé – co – ration).

Mon premier est un cousin du renne.
Mon deuxième, c'est entre un et trois.
Mon troisième est un liquide.
Mon quatrième est la couleur des troncs.
Mon tout est un plat typique de Noël.

Dinde aux marrons (daim – deux – eau – marron).

Mon premier est un mélange de terre et d'eau.
Mon deuxième est une consonne.
Mon tout éclaire, mais n'est pas une lampe.

Bougie (boue – J).

Mon premier est une empreinte.
Mon deuxième te permet de tenir debout.
Mon troisième est une consonne.
Mon quatrième est entre ton cou et tes fesses.
Mon tout sert à emballer les présents.

Papier cadeau (pas – pieds – K – dos).

Mon premier signifie « la sienne ».
Mon deuxième sort du four du boulanger.
Mon troisième est 24 moins 22.
Mon quatrième est la fin du mot « traîneau ».
Mon cinquième, c'est le féminin de « lui ».
Mon tout s'habille pour les fêtes.

Sapin de Noël (sa – pain – deux – neau – elle).

Mon premier, c'est le verbe « lire » au passé.
Mon deuxième est une plante qui sert
en cuisine.
Mon tout aide le Père Noël.

Lutin (lu – thym).

Mon premier est une ligne sur une feuille.
Mon deuxième est la moitié du mot « Noël ».
Mon tout est tiré par les rennes.

Traîneau (trait – no).

Mon premier est la 8e consonne de l'alphabet.
Mon deuxième est un paysage plat et sans arbres.
Mon troisième sert à fabriquer les sushis.
Mon quatrième entoure les champs.
Mon tout est bien rempli en décembre
s'il est de l'Avent.

Calendrier (K – lande – riz – haie).

Mon premier ne rentre pas.
Mon deuxième, c'est la chèvre
qui le dit.
Mon tout est un dessert froid.

Sorbet (sort – « bê »).

On se gratte la tête à cause de mon premier.
Mon deuxième est une consonne.
Mon tout est un cadeau qui fait plaisir aux petits.

Poupée (poux – P).

Mon premier est entre la tête et les épaules.
Le bébé fait mon deuxième après avoir bu son biberon.
Mon troisième se fait autour d'un paquet-cadeau, avec un ruban.
Mon tout décore les portes à Noël.

Couronne (cou – rot – nœud).

Mon premier porte les feuilles.
Mon deuxième, c'est 27 moins 25.
Mon troisième est le cri du hibou.
Mon tout pique mais décore joliment la maison.

Branche de houx (branche – deux – « hou »).

Mon premier est plus petit qu'une avenue.
On s'assoit sur mon deuxième.
Mon tout entoure les paquets-cadeaux.

Ruban (rue – banc).

Mon premier est une voyelle.
Mon deuxième laisse des traces dans la neige.
Mon troisième abîme.
Mon quatrième n'est pas vrai.
Mon cinquième est la moitié de « Toto ».
Mon tout permet de garder des souvenirs.

Appareil photo (A – pas – raye – faux – to).

Mon premier n'est pas froid.
Mon deuxième est la moitié de « coco ».
Mon troisième est fatigué.
Mon tout est délicieux, chaud ou froid !

Chocolat (chaud – co – las).

Mon premier est entre la main et l'épaule.
Mon deuxième est un adjectif démonstratif.
Mon troisième est un liquide.
Mon tout est un bijou.

Bracelet (bras – ce – lait).

Mon premier ouvre la porte.
Mon deuxième ne dit pas la vérité.
Mon troisième est la moitié de « Titi ».
Mon quatrième est parfois papillon sur les chemises des messieurs.
Mon tout est un fruit à quartiers.

Clémentine (clé – ment – ti – nœud).

Mon premier est certain.
Mon deuxième permet
de brancher des fils.
Mon tout est comme un cadeau
de Noël qu'on n'attendait pas.

Surprise (sûr – prise).

Mon premier est utile.
Mon deuxième est un bonhomme de bois.
Mon tout se lance quand c'est la fête.

Serpentin (sert – pantin).

Mon premier est une note de musique.
Mon deuxième est un récipient.
Mon troisième est construit par les oiseaux.
Mon tout est une région de Scandinavie,
là où habite le Père Noël.

Laponie (la – pot – nid).

Mon premier entoure le petit pois.
Mon deuxième est entre le « je » et le « il ».
Mon troisième, c'est la vache qui le dit.
Mon tout est une belle tenue pour le réveillon.

Costume (cosse – tu – « meuh »).

Mon premier est piétonne si elle est sans voiture.
Mon deuxième est le début de la monnaie américaine.
Mon troisième se compose de flammes.
Mon tout est le nom d'un renne au nez rouge.

Rudolphe (rue – dol – feu).

Mon premier est en petite quantité.
Mon deuxième est la première syllabe de « Tibet ».
Mon troisième est une allure en équitation.
Mon quatrième est un adverbe de négation.
Mon cinquième est la fin du mot
« traîneau ».
Mon sixième permet à l'oiseau de voler.
Mon tout est le début d'une chanson.

Petit Papa Noël (peu – ti – pas – pas – neau – aile).

Mon premier est une note de musique.
Mon deuxième n'est pas habillé.
Mon troisième est une voyelle.
Quand c'est l'heure de mon tout,
au 31 décembre, on se souhaite
une bonne année !

Minuit (mi – nu – I).

Grande famille

Charlotte, qui ouvre ses cadeaux, fait la tête en découvrant une nouvelle poupée :

« Une de plus ! On voit bien que ce n'est pas le Père Noël qui doit s'en occuper ! »

Économie d'énergie

Le 24 décembre, un homme très avare dit à sa femme :
« Chérie, mets ton manteau !
- Ce n'est pas vrai ! Nous sortons ce soir ?
- Non, non. Je coupe le chauffage, ton cadeau m'a coûté tellement cher ! »

Prudence !

Le jour de la rentrée de janvier, la maîtresse demande à Chloé ce qu'elle a fait pendant les vacances de Noël.

« J'ai joué avec mon petit frère, mais il n'y a sûrement pas de quoi en faire une rédaction ! »

Un futur grand voyageur

Le petit Jonathan ouvre ses cadeaux de Noël et découvre une paire de jumelles, un globe terrestre, des gants et une écharpe.

« À mon avis, le Père Noël voudrait que je parte à sa recherche ! »

Bien vu...

Madame Gaultier ouvre ses paquets et dit :

« Je me demande si ce n'est pas mon patron qui a passé commande au Père Noël pour moi : j'ai eu un nouveau réveil, un livre qui s'intitule *Comment être plus performante au travail* et un nouveau parfum, bien moins fort que celui que je mets d'habitude ! »

Sylviculture

« Quel boulot ! lance un promeneur à un bûcheron qui scie un arbre dans la forêt.

- Mais non, voyons, ce n'est pas un bouleau, c'est un sapin, un futur sapin de Noël ! »

Pique-nique ?

Le soir de Noël, un mari et sa femme se disputent encore plus que d'habitude.

Énervée, la femme jette une assiette par la fenêtre. À son tour, le mari en jette une.

Alors, la femme jette les verres, et son mari, rouge de colère, balance les couverts. Leur fils Jean, qui a suivi toute la scène, prend le plat qui contient la dinde et le jette aussi par la fenêtre.

« Mais, qu'est-ce que tu fais, Jean ?

- J'ai cru que vous vouliez manger dehors ! »

C'est logique

Jérémie ouvre son premier paquet et fronce les sourcils en découvrant une boîte de pansements. Puis il ouvre le deuxième paquet :

« Des rollers ! Ah, je comprends maintenant ! »

Sans voix

« Quel merveilleux cadeau de Noël ! dit une femme à son mari. Je suis tellement émue ! C'est vraiment, comment dire ? heu, je ne sais plus… fantastique ?

- Si tu ne trouves plus tes mots, c'est un dictionnaire qu'il faudra commander au Père Noël l'année prochaine ! »

Cadeau Cro-Magnon

Un homme préhistorique rentre chez lui couvert de bleus et de griffures. Son voisin lui demande ce qui s'est passé :

« C'est le manteau de fourrure que je voulais offrir à ma femme qui ne s'est pas laissé faire ! »

Menu de réveillon

Le soir de Noël, un monsieur entre dans un restaurant :
« Bonjour monsieur le serveur ! Pour Noël, je voudrais un gasolchinatouleurkpaf au foie gras.
- Un gasolchinatouleurkpaf à quoi ? »

Père Noël and Co.

Le Père Noël a beaucoup de travail en décembre.
Alors, pour être sûr
de n'oublier personne,
il a embauché des aides.
Sauras-tu deviner
les noms de ces pères
Noël adjoints ?

Comment s'appelle l'adjoint du Père Noël qui livre des cadeaux aux enfants des jardiniers ?

Serre Noël.

Comment s'appelle l'aide du Père Noël qui livre des cadeaux aux enfants qui portent des lunettes ?

Verre Noël.

Comment s'appelle l'adjoint du Père Noël qui livre des cadeaux aux petits des biches ?

Cerf Noël.

Comment s'appelle l'adjoint du Père Noël qui livre des cadeaux aux enfants qui habitent à la campagne ?

Vert Noël.

Comment s'appelle l'aide du Père Noël qui livre des cadeaux aux enfants des maréchaux-ferrants ?

Fer Noël.

Comment s'appelle l'adjoint du Père Noël qui livre des cadeaux aux enfants des marins ?

Mer Noël.

Comment s'appelle l'adjoint du Père Noël qui livre des cadeaux aux enfants de mon oncle ?

Tata Noël.

Comment s'appelle l'adjoint du Père Noël qui livre des cadeaux aux enfants des pâtissiers ?

Baba Noël.

Comment s'appelle l'adjoint du Père Noël qui livre des cadeaux aux enfants des musiciens ?

Fafa Noël.

Comment s'appelle l'adjoint du Père Noël qui livre des cadeaux aux enfants des jockeys ?

Dada Noël.

Comment s'appelle l'aide du Père Noël qui livre des cadeaux aux enfants des vendeurs de fruits exotiques ?

Ah ? Nana Noël.

Comment s'appelle l'adjoint du Père Noël qui livre des cadeaux aux enfants esquimaux ?

Parka Noël.

Comment s'appelle l'adjoint du Père Noël qui livre des cadeaux aux enfants d'Amérique du Sud ?

Pampa Noël.

Comment s'appelle l'aide du Père Noël qui préfère recevoir des cadeaux plutôt que de bouger un seul de ses dix doigts ?

Pacha Noël.

Comment s'appelle l'adjoint du Père Noël qui livre toujours des cadeaux en double ?

Paire Noël.

Comment s'appelle l'adjoint du Père Noël qui apporte des jouets aux enfants dont les parents sont toujours bien habillés ?

Gala Noël.

Comment s'appelle l'aide du Père Noël qui apporte des jouets aux enfants fans de bande dessinée japonaise ?

Manga Noël.

Comment s'appelle l'adjoint du Père Noël qui apporte des jouets aux enfants qui aiment les ours noirs et blancs ?

Panda Noël.

Comment s'appelle l'aide du Père Noël qui apporte des jouets aux enfants des grands bavards ?

Blabla Noël.

Comment s'appelle l'adjoint du Père Noël qui apporte des jouets aux enfants mexicains ?

Maya Noël.

Comment s'appelle l'aide du Père Noël qui apporte des jouets aux enfants finlandais qui aiment rester dans des petites cabanes en bois bien chaudes ?

Sauna Noël.

Comment s'appelle l'adjoint du Père Noël qui s'occupe de préparer à manger aux lutins ?

Cuistot Noël.

Comment s'appelle l'adjoint du Père Noël qui se promène partout avec un grand drap blanc ?

Kas-Père Noël.

Comment s'appelle l'adjoint du Père Noël qui s'occupe de faire les bonnets pour les rennes ?

Trico Noël.

Comment s'appelle l'aide du Père Noël qui s'occupe de vérifier l'état de fonctionnement du traîneau ?

Méca Noël.

Comment s'appelle l'adjoint du Père Noël qui apporte des panoplies de savants aux enfants ?

L'Expert Noël.

Comment s'appelle l'aide du Père Noël qui apporte toujours 1, 3 ou 5 cadeaux, et jamais 2 ou 4 ?

L'Impair Noël.

Comment s'appelle l'adjoint du Père Noël qui est le plus gentil ?

Sympa Noël.

Comment s'appelle l'adjoint
du Père Noël qui livre des cadeaux
aux enfants des pirates ?

Corsaire Noël.

Comment s'appelle l'adjoint
du Père Noël qui est vraiment très âgé ?

Centenaire Noël.

Comment s'appelle l'adjoint du Père Noël
qui a plein de copains ?

Compère Noël.

Comment s'appelle l'adjoint du Père Noël
qui connaît les adresses des enfants
par cœur ?

Annuaire Noël.

Comment s'appelle l'adjoint du Père Noël qui vient de Bretagne ?

Quimper Noël.

Comment s'appelle l'adjoint du Père Noël qui est très énervant ?

Exas-Père Noël.

Comment s'appelle l'adjoint du Père Noël qui est très mignon ?

Beau-Père Noël.

Comment s'appelle l'adjoint du Père Noël qui se décourage facilement ?

Déses-Père Noël.

Orthographe

« Cela fait une semaine que je sers du riz au personnel du navire, se dit le cuisinier. Ce soir, c'est Noël, je vais leur faire des spaghettis aux truffes et au foie gras. »

Il prend l'ardoise et commence à écrire :

« Spaje, non, sphaghe, non, spaggg… Oh zut ! tant pis, après tout, c'est très bon le riz ! »

Vive les vacances

Un petit garçon revient de ses vacances de Noël passées à la montagne et dit :

« C'était génial, le paysage était téléféerique ! »

Au voleur !

Un homme rencontre le Père Noël et lui demande :
« Vous n'auriez pas vu un policier par hasard ?
- Non.
- Alors donne-moi ta hotte ! »

Jeu de construction

Après avoir ouvert ses cadeaux, Dorian dit :

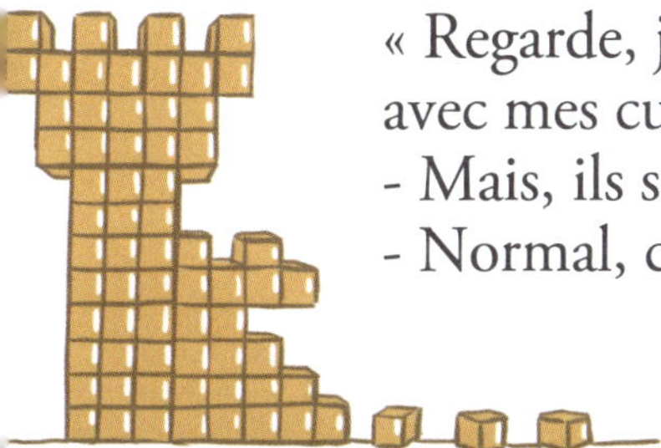

« Regarde, j'ai construit un château avec mes cubes en bois.
- Mais, ils sont tous étalés par terre.
- Normal, c'est un château en ruine. »

Vacances de neige

Pour Noël, toute la famille est partie en vacances aux sports d'hiver.

Sur une piste de ski, Benjamin se fait renverser par un skieur. L'homme l'aide à ramasser ses skis et à se relever, puis lui dit :

« C'est ton jour de chance, aujourd'hui je suis en congé !

- Pourquoi me dites-vous cela ?

- Parce que quand je travaille, je conduis un chasse-neige… Si je t'avais renversé avec, tu aurais passé un mauvais quart d'heure ! »

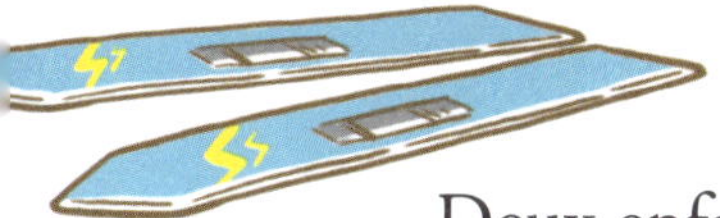

Ça glisse ?

Deux enfants discutent au lendemain de Noël :

« J'ai eu des skis nautiques pour Noël.

- Alors, tu les as essayés ?

- Non, je n'ai pas trouvé de lac en pente. »

Lettre au Père Noël

« Cher Père Noël, écrit le petit Jean, je te promets d'être sage, de ne plus me disputer avec mon petit frère ni taper ma sœur.
Cette année, j'aimerais que tu m'apportes des gants de boxe et une batte de base-ball. »

L'ours blanc

Des amis discutent après les vacances de Noël :

« Tu ne devineras jamais ce qui m'est arrivé pendant les vacances : je me suis retrouvé face à un ours blanc et j'étais sans arme.

- Qu'est-ce que tu as fait ?

- Je l'ai regardé droit dans les yeux, mais il s'est approché de moi.

- Tu t'es enfui ?

- Non, je l'ai laissé et je suis passé à une autre cage du zoo… »

Avis de recherche

Rose écrit au Père Noël :

« Cher Père Noël, peux-tu m'aider ?
J'ai perdu mon chien...
- Tu devrais faire passer
une petite annonce ou coller
des affiches dans ton quartier !
répond le Père Noël.

- Ça ne sert à rien, mon chien ne sait pas lire...
renvoie la petite fille. »

Heureux événement

Le papa de Sylvain est tout content.

« Fiston, tu vas avoir un petit frère
pour Noël !

- Bof, je préférerais garder le vieux… »

Cadeaux à gogo

Pas de Noël sans cadeaux apportés par le Père Noël. Pour affronter le froid durant sa longue nuit en traîneau, il s'habille chaudement !

Le Père Noël met des chaussettes de laine (le Père Noël, M'haie, dé, chaussette, 2, laine).

Qu'emprunte le Père Noël pour aller dans le salon ?

La cheminée (la, CH'œufs, mi, nez).

Quand a lieu la fête de Noël ?

En décembre (an, dé, sang, BR'oeufs).

Le Père Noël a rencontré un gros problème le 23 décembre, lequel ?

Les rennes sont partis en vacances
(L'haie, raie, nœud, SON, part, TI, an, VAK' anse).

Connais-tu cette chanson ?

Petit papa Noël, quand tu descendras du ciel (P’œufs, TI, pas, panneau, L, Caen, TU, dé, sang, drap, DU, scie, aile)…

Pourquoi le Père Noël est-il mécontent ?

Les elfes ne trouvent pas le papier cadeau (L'haie, Z'aile, feu, nœud, trou, V', pas, L'œufs, pas, pied, K, dos).

Pourquoi le Père Noël est-il triste ?

La Mère Noël s'est trompée de jour pour son anniversaire (la, mer, N'eau, aile, S'haie, trompe, haie, 2, joue'R, pou'R, SON, âne, I, ver, serres).

Le Père Noël a fait une farce en déposant les cadeaux. Laquelle ?

Les cadeaux sont cachés dans le jardin (L'haie, K, do, son, K, CH'haie, dent, L'œufs, jarre, D'un).

Que dit la petite sœur de Malo quand elle fait un bisou au Père Noël ?

La barbe cha pique (la, barbe, chat, pie, queue).

Que dit le Père Noël à la fin de sa tournée ?

Mon traîneau est plus léger maintenant ! (mont, trait, N'eau, haie, plus, lait, G, main, TE, N'an).

Joséphine change la décoration de sa chambre. Voici ce que le Père Noël va lui apporter :

Des rideaux orange, des coussins jaunes et une couverture fleurie (dé, riz, D'eau, orange, dé, cou, saint, jaune, haie, U, nœud, cou, vert, TU, RE, fleur, riz).

Faux espoir

Jonathan arrive de très bonne humeur ce matin au petit déjeuner. C'est la veille de Noël.

« Papa, j'ai fait un rêve incroyable. Tu m'avais commandé un scooter pour Noël. À ton avis, qu'est-ce que ça peut vouloir dire ?

- Tu le sauras demain, répond le père, mystérieux. »

Le lendemain, Jonathan trouve un petit paquet emballé dans ses chaussures. Étonné, il le déballe et découvre un livre intitulé… *Comment interpréter les rêves en dix leçons* !

Bonnes résolutions

Pablo demande à son père qui a une boutique :

« Papa, qu'est-ce que c'est que l'honnêteté ?

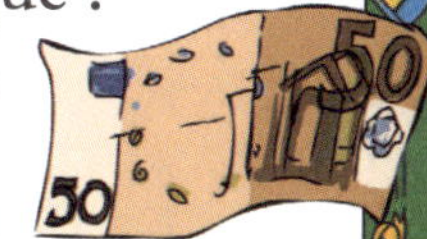

- Suppose que dans mon magasin, sans s'en apercevoir, un client me tende deux billets de 50 € pour payer ses courses de Noël qui valent seulement 50 €... Eh bien l'honnêteté, c'est quand je me demande si je vais en parler à mon associé. »

Orthographe

Amandine demande à sa mère, qui a toujours été nulle en dictée :

« Père Noël, ça s'écrit avec un « l » ou deux ?

- Avec deux, sinon il ne pourrait pas voler ! »

Baby-sitting

Alphonse est paniqué :

« Maman ! Le bébé mange le papier cadeau.

- Ce n'est pas grave, on a déjà ouvert les cadeaux. »

Hold-up à la banque

« Expliquez-moi comment vous avez fait pour vous déguiser en Père Noël, voler tous ces lingots et les transporter dans votre hotte » demande le juge à l'accusé.

L'accusé regarde le juge, qui est un vieux monsieur un peu gringalet :

« Ce n'est pas la peine, monsieur le juge, vous n'y arriverez jamais. »

Un bon fils

Un homme passe en jugement pour avoir volé plusieurs manteaux durant la nuit de Noël.

Au premier rang, une femme plus âgée pleure à chaudes larmes. Le juge dit avec sévérité :

« Regardez comme votre maman est triste ! Vous auriez pu penser à elle.

- Je sais… Je voulais lui offrir un nouveau manteau, mais il n'y avait pas sa taille. »

Élémentaire !

Le Père Noël achète une boîte de mouchoirs.

« Et avec ça, Père Noël ? demande la pharmacienne.

- Avec ça, je vais me moucher, voyons ! »

Un bon gardien

Le Père Noël fait sa tournée. Avant d'entrer dans une maison, il voit une pancarte accrochée à la barrière du jardin avec la mention :
« Attention, perroquet méchant ! »

Le Père Noël regarde au fond du jardin et rigole en voyant le perroquet attaché sur son perchoir.
Il pousse la barrière, entre dans le jardin et entend soudain le perroquet crier :

« Rex, attaque ! »

Lettre express

- Je suis ennuyée, dit Mathilde à sa grande sœur. Je viens de me rappeler que j'ai oublié de mettre un timbre sur la lettre que tu devais envoyer pour moi au Père Noël.

- Oh, ce n'est pas grave, répond Julie en fouillant dans son sac. J'ai complètement oublié de poster ta lettre.

Garde à vue

Deux policiers arrivent au commissariat avec un homme qu'ils viennent d'arrêter.

« Chef ! On soupçonne cet homme d'avoir volé le traîneau du Père Noël !

- Bien ! Fouillez-le pour en avoir le cœur net. »

En attendant minuit

Pendant la soirée de Noël, pour attendre les cadeaux, pourquoi ne pas organiser un petit jeu ?

Propose à tous les invités de trouver les réponses à ces devinettes : le temps passera plus vite !

Par exemple :

Que se passerait-il si Noël commençait le 25 décembre et se finissait le 24 ?

Ce serait la fête de Léon (Noël à l'envers) !

Que dit un sapin de Noël qui arrive en retard le soir du réveillon ?

« Mince, je vais encore me faire enguirlander. »

Pourquoi est-ce qu'on accroche ses chaussettes au-dessus de la cheminée à Noël ?

Pour qu'elles sentent le bois brûlé au lieu de sentir les pieds !

Que dit un sapin de Noël quand on a fini de le décorer ?

« Je suis habillé pour l'hiver ! »

Monsieur et madame Orak
ont une fille qui est très frileuse.
Comment s'appelle-t-elle ?

Anne Orak (anorak).

Que s'est-il passé
le 25 décembre 1234 ?

C'était Noël.

En hiver, quel est l'animal
qui a toujours le plus froid ?

La caille.

Monsieur et madame Do ont
une fille qui a été très gâtée pour Noël.
Comment s'appelle-t-elle ?

Jessica Do (j'ai six cadeaux).

À quel moment du repas de Noël s'amuse-t-on le mieux ?

Quand arrive la dinde et qu'elle est bien remplie de farce !

Qui fait le tour du sapin sans laisser d'empreintes ?

La guirlande de Noël !

Quel est le gâteau le plus dur au monde ?

La bûche de Noël.

Que disent deux bonshommes de neige quand ils se rencontrent ?

« Tu ne trouves pas que ça sent la carotte, par ici ? »

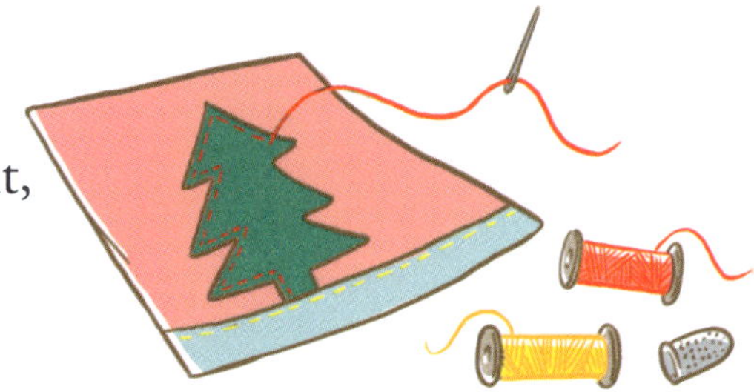

Ses aiguilles piquent,
mais hélas il ne sait
pas coudre.
De qui s'agit-il ?

Du sapin.

Quelle différence y a-t-il entre un cône et un sapin ?

Le sapin est un conifère à la montagne et le cône n'a rien à y faire, lui, à la montagne.

Quel fruit très énergétique
n'est jamais en retard
pour le réveillon ?

La bonne datte.

Quel est le plat préféré des filles un peu bêtes pour le réveillon ?

La dinde, parce que pour une fois, ce ne sont pas elles qui se font cuisiner pendant le repas !

À quel détail peut-on être sûr que Noël arrive bientôt ?

Quand les marrons sont glacés !

Que peut-on dire si on se dispute entre le plat principal et le dessert, le soir du réveillon ?

« On ne va pas en faire tout un fromage ! »

Quand on t'offre ce jouet, il est tout cassé, mais si tu as toutes les pièces, il est facile à réparer. De quoi s'agit-il ?

Du puzzle.

Quel est le comble pour un bûcheron ?

C'est de ne pas arriver à couper la bûche de Noël.

Quel oiseau a des ailes mais ne peut pas voler ?

La dinde de Noël.

Quelle est la meilleure chose à planter dans une bûche de Noël ?

Ses dents.

Quelle est la différence entre le chewing-gum du Père-Noël et son traîneau ?

Le chewing-gum colle et le traîneau décolle.

Que dit le sapin quand il est envahi de cadeaux à ses pieds ?

« Cette année, ils ont mis le paquet ! »

Que dit un chocolat rond à un nougat ?

« Tu me prends pour une truffe, ou quoi ? »

Quelle est la différence entre la fourchette du Père Noël, le manteau du Père Noël et une semaine ?

Sa fourchette a un manche, son manteau a deux manches et une semaine a dimanche !

En Laponie, là où vit le Père Noël,
les habitants ne mangent que du poisson.
Alors, le 1er avril, sais-tu
ce qu'ils s'accrochent dans le dos ?

Un biftek.

Noël, ça s'écrit N-O-Ë-L et pourtant,
ça commence par un « P ». Pourquoi ?

Parce que « pourtant », ça commence par un « P ».

À quoi voit-on qu'un jouet est incassable ?

Quand on l'a reçu à Noël et qu'il fonctionne encore parfaitement au Noël suivant !

Qu'est-ce qui est marron, jaune et qui vole ?

Un renne du Père Noël avec une dent en or.

Sans moi, la luge que tu as eue à Noël serait plus courte et sous mon bonnet ma tête serait réduite de moitié.

Qui suis-je ?

La lettre « E ».

Pourquoi, à Noël, les livres n'ont-ils jamais froid ?

Parce qu'ils ont une couverture.

Je commence le réveillon de Noël et je termine le 1er janvier.
Qui suis-je ?

La lettre « R ».

Quel type de sac les jeunes demandent-ils au Père Noël ?

Un sac à dos (un sac ados).

Mauvaise mémoire

Le Père Noël est en train d'ouvrir une par une les lettres qu'il reçoit.

« Avec tout ce courrier, j'ai peur de me tromper et d'oublier quelqu'un, se plaint-il.

- Tu n'as qu'à faire une liste avec toutes les demandes que tu as reçues, suggère un lutin.

- Oui, c'est une bonne idée. »

La veille de Noël, le Père Noël part avec son traîneau bien chargé. Arrivé sur le toit de la première maison, il s'écrie :

« J'étais sûr que j'allais oublier quelque chose… J'ai laissé la liste sur le réfrigérateur. »

Parking

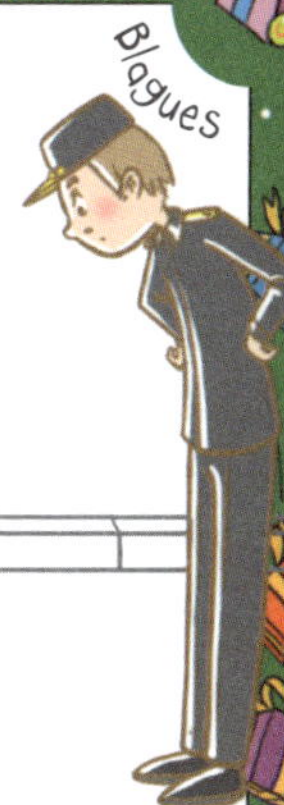

Le soir de Noël, un policier est tout étonné de voir Cédric, Camille et Corentin allongés le long du trottoir.

« Vous avez un problème, les enfants ?

- Pas du tout, monsieur, on garde la place pour que le Père Noël puisse se garer. »

Coquetterie

Le Père Noël va chez le coiffeur pour se faire beau avant son grand voyage du 24 décembre.

« Vous voulez du gel dans les cheveux ? demande le coiffeur.

- Non merci, répond le Père Noël, il fera bien assez froid cette nuit-là ! »

La dinde est malade ?

La maman de Clémentine est en train de préparer le dîner de Noël dans la cuisine. Elle pique la dinde et met de l'ail dans les trous qu'elle vient de faire avec le couteau.

« Mais maman, pourquoi tu lui mets des suppositoires à ce gros poulet ? »

Mathématiques

Le Père Noël pose une devinette à Nicolas :

« Si tu étais plus vieux et que tu avais 50 € en poche, mais que tu voulais t'acheter des jeux vidéo à 150 €, que te manquerait-il ?

- Un Papa Noël généreux ? »

Conditions de travail

Un nouveau lutin est entré au service du Père Noël et demande à un ancien :

« Alors, il est comment le Père Noël quand il est de bonne humeur ?

- Je ne sais pas, je ne travaille pour lui que depuis trois ans. »

Excès de vitesse

Un policier siffle le Père Noël en traîneau.

« Monsieur, vous roulez trop vite ! Vous allez recevoir une amende de 100 € et vous allez perdre deux points sur votre permis.

- Vous allez être déçu, répond le Père Noël, je n'ai pas le permis ! »

Faute de grammaire

Flora rencontre le Père Noël et en profite pour lui demander un cadeau.

« Tu auras une poupée si tu me donnes une phrase contenant une épithète, dit le Père Noël.

- Alors : c'est bientôt Noël… épithète que j'aurai une poupée. »

Partage équitable

Carlos a reçu une luge pour Noël. Dès le lendemain, il sort pour l'essayer. Sa petite sœur le suit en courant. Leur maman dit alors :

« Carlos, prête ta luge à Caroline.

- O.K. ! Je prends la luge pour descendre et je la laisse à Caroline pour remonter… »

Arbre généalogique

Natacha demande à son père :

« Papa, comment est-ce que je suis née ?

- Le Père Noël t'a déposée sous le sapin de Noël.

- Et toi ?

- Pareil.

- Et maman ?

- Pareil.

- Et papi et mamie ?

- Aussi.

- Si je comprends bien ce que tu me racontes, personne n'est né normalement depuis trois générations dans cette famille ! »

1er janvier

Le 1er janvier, tout le monde prend de bonnes résolutions pour l'année à venir.

Mais sais-tu que tout le monde ne prend pas les mêmes ?

Et toi, que vas-tu promettre le 1er janvier ?

Quelle est la résolution de la frite au 1er janvier ?

C'est de garder une patate d'enfer.

Quelle est la résolution de l'électricien au 1er janvier ?

C'est d'être au courant de tout !

Quelle est la résolution d'un dictionnaire au 1er janvier ?

C'est de rester à la page.

Quelle est la bonne résolution du clown ?

C'est de raconter de drôles d'histoires.

Quelle est la bonne résolution d'un ordinateur ?

C'est de ne plus avoir de trous de mémoire.

Quelle est la résolution du boulanger au 1er janvier ?

C'est de ne pas prendre trop de brioche.

Quelle est la bonne résolution des habitants de La Réunion ?

C'est d'organiser un grand nombre de rassemblements.

Quelle est la bonne résolution des habitants de la ville de Rennes au 1er janvier ?

C'est de prévoir deux couronnes pour la galette des Rois.

Quelle est la résolution d'un pâtissier au 1er janvier ?

C'est de préparer des éclairs du tonnerre.

Quelle est la bonne résolution d'une brosse à dents au 1er janvier ?

C'est de ne plus être de mauvais poil.

Quelle est la bonne résolution de Dracula au 1er janvier ?

C'est de boire un cou.

Quelle est la résolution du boucher au 1er janvier ?

C'est de se tailler une bonne bavette avec ses clients.

Quelle est la bonne résolution des habitants de la ville de Reims au 1er janvier ?

C'est de ne pas mettre trop de savon dans leur lessive.

Quelle est la résolution des habitants de la ville de Tours au 1er janvier ?

C'est d'organiser un festival de magie.

Quelle est la résolution des habitants de la ville de Cannes au 1er janvier ?

C'est d'inviter leurs amis aveugles plus souvent.

Quelle est la bonne résolution du menuisier ?

C'est de ne plus se faire payer avec des chèques en bois.

Quelle est la bonne résolution des habitants de la ville de Hyères au 1er janvier ?

C'est de ne jamais remettre au lendemain ce qu'ils auraient dû faire hier...

Quelle est la bonne résolution des habitants de la ville de Pantin au 1er janvier ?

C'est de fabriquer des théâtres de marionnettes.

Quelle est la bonne résolution des habitants du département du Cher au 1er janvier ?

C'est de trouver des cadeaux moins onéreux.

Quelle est la bonne résolution des habitants du département du Gard au 1er janvier ?

C'est de prendre plus souvent le train.

Quelle est la bonne résolution des habitants du département de la Somme ?

C'est de faire régulièrement leurs comptes.

Quelle est la bonne résolution d'un crayon à papier au 1er janvier ?

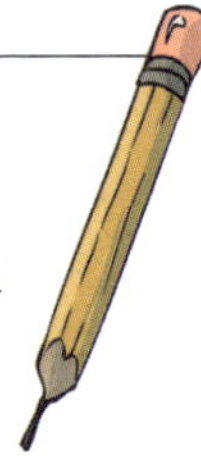

C'est de se tailler en vacances.

Quelle est la bonne résolution du bouleau (l'arbre) ?

C'est de travailler un peu moins.

Quelle est la bonne résolution du charme (l'arbre aussi) ?

C'est de continuer à plaire.

Quelle est la bonne résolution du prunier (l'arbre encore) ?

C'est de se secouer un peu plus.

Quelle est la bonne résolution du téléphone ?

C'est de décrocher un peu.

Quelle est la bonne résolution du robot ?

C'est d'arrêter de jouer des mécaniques.

Quelle est la bonne résolution de la guitare ?

C'est de ne sortir que s'il pleut des cordes.

Quelle est la bonne résolution du Klaxon ?

C'est de la mettre en sourdine.

Quelle est la bonne résolution de la chemise ?

C'est de sortir de jour comme de nuit.

Quelle est la bonne résolution des tennis ?

C'est d'être bien dans leurs baskets.

Quelle est la bonne résolution de la corne de brume ?

C'est de jouer même quand il y a du brouillard.

Quelle est la bonne résolution du tambour au 1er janvier ?

C'est de continuer à mener tout le monde à la baguette.

Quelle est la bonne résolution du blouson ?

C'est de ne pas retourner sa veste.

Quelle est la bonne résolution du voleur au 1er janvier ?

C'est de ne voler que des cartes… bleues.

Quelle est la bonne résolution d'un marcheur triste au 1er janvier ?

C'est de ne prendre que des sentiers battus.

Quelle est la bonne résolution du citron ?

C'est de ne pas être trop pressé.

Quelle est la bonne résolution de la pomme ?

C'est de ne pas trop marcher… pour ne pas avoir les pieds en compote.

Quelle est la bonne résolution du chou ?

C'est de rester le chouchou !

Quelle est la bonne résolution du champignon ?

C'est de tout faire pour que l'on cesse de lui appuyer dessus.

Mère Noël

En sortant de l'école, Olivia demande 10 € à son papa.

« C'est pour quoi faire ?

- C'est pour donner à une vieille dame, là-bas, au coin de la rue.

- Bravo, c'est très bien de vouloir être généreuse la veille de Noël, dit son papa. Et elle est où, cette vieille dame ?

- Juste là, dans le petit magasin, elle vend des jouets. »

Mauvaise surprise

Noémie entre dans une confiserie et demande :

« Pouvez-vous me donner des bonbons ? C'est pour mon petit frère, pour Noël.

- Oh, comme c'est gentil de ta part de faire un cadeau à ton frère ! Il va être surpris.

- Oh oui, ça va être une vraie surprise : il s'attend à recevoir ma console de jeux. »

Rapporteur

Le petit Germain demande à sa maman :

« Est-ce que c'est vrai que les lunettes grossissent tout ? Parce que si c'est vrai, je te conseille d'en porter quand papa t'offrira ton cadeau de Noël… »

Une question de poids

Nathan va à la poste envoyer sa lettre au Père Noël. Au guichet, l'agent lui dit :

« Ta lettre est trop lourde. Il faut que tu ajoutes un timbre à 50 centimes.

- Oui monsieur, mais si j'ajoute un timbre, elle sera encore plus lourde, non ? »

Sans gêne

Léo a invité son frère pour le réveillon de Noël.

« Je ne sais pas pourquoi, mais chez moi, j'ai un appétit d'oiseau alors que chez les autres, je mange comme un ogre ! dit le frère.

- Alors, fais comme chez toi, répond Léo. »

À la carte

Thomas et Martin vont au restaurant le soir du réveillon de Noël. Le garçon prend la commande :

« Je récapitule : langouste, homard, foie gras, coq au vin, fromage… Et avec ça, ces messieurs prendront ?

- Probablement quelques kilos ! »

Déjà cancre…

Le Père Noël demande au petit Loïc :

« Alors, tu vas à l'école depuis le mois de septembre ?

- Non, répond Loïc, je n'y vais pas, on m'y envoie ! »

Projet immobilier

Deux amis discutent sur un banc.

« Pour Noël, j'ai demandé au Père Noël un violon pour ma femme et une batterie pour mon fils, annonce l'un.

- Tu n'as pas peur de la réaction des voisins ? Avec le bruit, ils vont partir en courant !

- Ça tombe bien, je compte racheter leur maison. »

Une visite inattendue

Un lutin frappe à la porte du Père Noël :

« Père Noël, il y a l'homme invisible qui est ici.

- Sois gentil, dis-lui que je ne peux pas le voir maintenant. »

Un cadeau embarrassant

Théo a reçu un boomerang pour Noël. Tout content, il va chercher l'ancien puis court dans le jardin. Lorsque son père le rejoint, il trouve Théo de mauvaise humeur.

« Que se passe-t-il ? Il ne marche pas bien, ton nouveau boomerang ?

- Si, mais c'est l'ancien le problème : j'essaie de m'en débarrasser, mais il revient toujours. »

Politesse

La boulangère demande au Père Noël :

« Qu'est-ce que je vous sers ?

- La main, mais pas trop fort ! »

À la neige

Noël est un moment merveilleux : on passe un joyeux réveillon, on reçoit des cadeaux et, en plus, on peut faire des boules de neige. Dommage que cela ne dure pas plus longtemps…

Vive Noël, Pâques et la fête des Mères (VIV'œufs, N'eau, aile, pas, queue, haie, la, fée, TE, dé, mer).

Où part Sami pour les vacances de Noël ?

Aux États-Unis (eau, Z’ haie, tas, Z’U, nid).

Qu’est-il arrivé à Sophie pendant ses vacances au ski ?

Elle s’est cassé un genou (aile, S’haie, K C, un, jeu, N’ houx).

Un conseil de prudence à donner à tes parents si vous partez à la montagne pour Noël.

Il ne faut pas rouler rapidement dans les virages (île, nœud, faux, pas, roue, lait, rat, pis, deux, M'an, dent, L'haie, VI, rat, jeux).

Pourquoi Hervé et Antoine ont-ils dû dormir dans un refuge ?

Une avalanche a bouché la route (UNA, val, hanche, A, bouche, haie, la, roue, T'œufs).

Quel conseil peut-on donner aux gourmands le 25 décembre ?

Il ne faut pas trop manger de chocolat (île, nœud, faux, pas, T'rot, M'an, G, deux, CH'eau, col, A).

Que peut-on faire si on est pris au milieu d'une tempête de neige en pleine montagne ?

Trouver une caverne pour s'abriter (trou, V, U, nœud, K, verre, nœud, pou'R, SA, brie, thé).

Avec qui Alice et ses parents ont-ils fêté Noël cette année ?

Mamie, papi, son cousin Mattias et la tante Sidonie (mât, mie, pas, pie, SON, cou, Z'un, mat, TI, as, haie, la, tente, si, dos, nid).

Dans quel pays peut-on fêter Noël à la plage ?

En Australie, c'est l'été (an, N'os, T'rat, lit, S'haie, lait, T).

Le 24 décembre, dans la famille d'Eliott, tout le monde chante et fait de la musique. Quels sont les instruments de chacun ?

Piano, synthétiseur, harmonica et des voix de casserole ! (pie, A, N'eau, S'un, thé, TI, Z'heure, AR, M'eau, nid, K, haie, dé, V'oie, deux K, Ssss, R'eau, LE !)

Comment donner une bonne odeur à ta maison à Noël ? Suis nos conseils !

Un bâton de cannelle, des oranges, une branche de sapin et du chocolat chaud (un, bâton, deux, K, N'aile, dé, Z'or, ange, U, nœud, branche, deux, SA, pain, haie, DU, CH'eau, K'eau, la, CH'eau).

Esprit fraternel

Paul et son frère Antoine sont invités à un réveillon. Les hôtes ont préparé un superbe buffet de nourriture. Paul dit à Antoine :

« Tu n'as pas honte d'aller te servir aussi souvent ?

- Mais pas du tout, répond Antoine. Au buffet, je dis à tout le monde que c'est pour toi ! »

Sur les dents

La Mère Noël dit au Père Noël qui se plaint :

« Tu as encore mal aux dents ? Si c'était les miennes, je les aurais fait arracher.

- Moi aussi… si c'était les tiennes ! »

Le comble de l'avarice

Le soir de Noël, un monsieur très avare trouve un cambrioleur dans son salon.

« Que faites-vous ici ? lui demande-t-il.

- Je cherche de l'argent !

- Bonne idée, je vais chercher avec vous ! »

Grosse fatigue

Le Père Noël va s'acheter un lit. Il précise qu'il en cherche un vraiment solide.

« Vous n'êtes pourtant pas si gros, s'étonne le vendeur.

- Non, mais après ma tournée de Noël, je suis fatigué et j'ai le sommeil lourd ! »

Recette secrète

Un homme croise le Père Noël et lui dit :

« Je n'ai presque plus de cheveux alors que vous, qui êtes plus vieux que moi, vous avez cette si belle barbe et de superbes boucles blanches ! Vous pourriez m'offrir quelque chose pour conserver mes derniers cheveux ?

- Oui, répond le Père Noël, je peux vous offrir une petite boîte. »

Pickpocket

Un voleur arrête le Père Noël et lui dit :

« La bourse ou la vie !

- Désolé jeune homme, je suis nul en devinettes. »

Accident

Valentin rentre chez lui après avoir essayé le nouveau vélo qu'il a reçu pour Noël.

« Maman, je suis tombé de vélo !

- Quoi, avec ton pantalon neuf ?

- Ben oui, je n'ai pas eu le temps de l'enlever ! »

Quelle famille

C'est le repas du 24 décembre et Sébastien mange très salement. Son papa lui dit :

« Tu manges vraiment comme un goret !

- Quoi ?

- Tu sais au moins ce que c'est, un goret ?

- Oui papa, c'est le fils du cochon. »

Tout un fromage

Pendant sa tournée, le Père Noël trouve un camembert tout neuf dans la rue. Il le dépose au commissariat. Le policier lui dit :

« Si, dans un an et un jour, personne ne l'a réclamé, il sera à vous ! »

Copilote

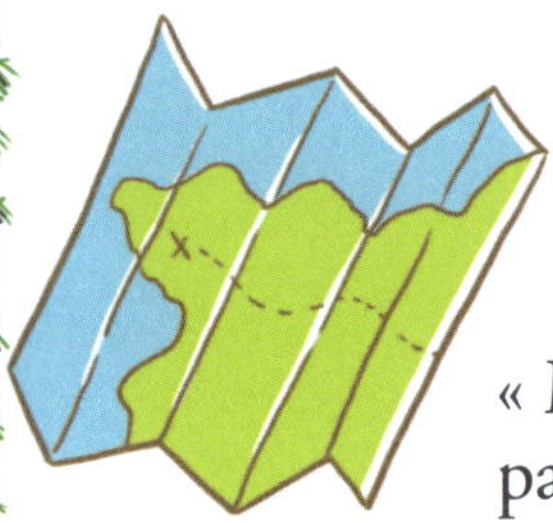

En route pour le réveillon, deux copains se perdent en voiture.

« Mais enfin, dit le conducteur à son passager, tu dois bien savoir à peu près où on est ?

- Oui, on est à peu près à 10 centimètres du côté droit en bas de là où s'arrête ma carte. »

Diagnostic

Le 27 décembre, le Père Noël est mal en point :

« Docteur, quand je me touche le bras, je ressens une vive douleur. Quand je me touche la jambe, je souffre. Quand je me touche le front, j'ai affreusement mal, et quand je…

- Je crois que vous avez tout simplement le doigt cassé, Père Noël ! »

Mauvaise foi

Léa dit à Mathilde :

« Pas question que je partage mes nouveaux jouets avec toi, tu ne me donnes jamais rien !

- Menteuse, le mois dernier je t'ai passé ma varicelle ! »

Noël animal

Tous les enfants du monde adorent Noël. Mais sais-tu que les animaux aussi ont le droit de faire la fête ?

Simplement, leurs cadeaux ne sont pas tout à fait les mêmes…

Comment se passe le réveillon des éléphants ?

Personne ne le sait, on a défense d'y voir.

Quel cadeau le hamster a-t-il demandé pour Noël ?

Un billet de train pour aller à Amsterdam.

Quel dessert l'araignée choisit-elle pour finir le repas du réveillon ?

Une mouche au chocolat.

Avec qui le hibou va-t-il réveillonner ?

Avec une chouette copine.

Quel cadeau le Père Noël a-t-il apporté au chien ?

Une télé avec Canal Puce.

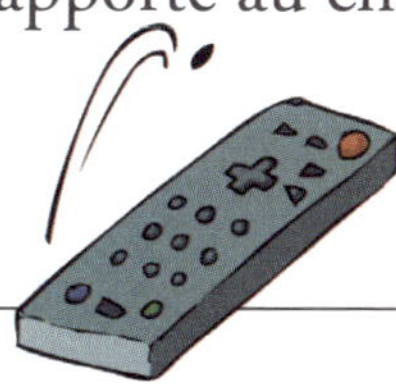

Le chat avait écrit dans sa lettre au Père Noël : « Je voudrais être un chien ». Quel cadeau le Père Noël lui a-t-il apporté ?

Une soucoupe de lait car le chat la voit et… il la boit (il aboie) !

Quel cadeau le mouton a-t-il commandé ?

Du dentifrice, pour avoir la laine (l'haleine) fraîche.

À quels animaux le Père Noël apportera-t-il un casse-tête ?

Au cerf et au veau car, à eux deux, ils font « cerveau ».

Quel cadeau le Père Noël apporte-t-il aux lapins ?

Des jeux de cartes qui n'ont que des trèfles !

Quel cadeau le Père Noël apporte-t-il à un canard aveugle ?

Une belle canne blanche.

Quel cadeau le bouc a-t-il commandé au Père Noël ?

De l'« after chèvre ».

Quel cadeau les dindes ne demandent-elles jamais au Père Noël ?

Un livre avec des idées de farces… elles détestent ça, les farces !

Quel cadeau les étoiles de mer demandent-elles au Père Noël ?

Une panoplie de shérif.

Quel cadeau les éléphants modernes demandent-ils au Père Noël ?

Un ordinateur mais... sans souris !

Quel animal en peluche le Père Noël apporte-t-il au petit zèbre ?

Une raie.

Quel cadeau un chat malade demande-t-il au Père Noël ?

Un sirop pour matou.

Qu'est-ce que les rats demandent au Père Noël ?

Un GPS, pour connaître tous les « rats-courcis ».

Que dit un veau en ouvrant ses cadeaux de Noël ?

« Meuhrveilleux ! »

Qu'est-ce que les alligators demandent au Père Noël ?

Des mouchoirs pour essuyer leurs larmes de crocodiles.

Qu'est-ce que le ver de terre demande au Père Noël ?

Un manteau de fourrure pour jouer à la chenille.

Qu'est-ce que les autruches demandent au Père Noël ?

Une brosse, pour se nettoyer les plumes à chaque fois qu'elles mettent leur tête dans le sable.

Qu'est ce que le paon a demandé comme cadeau au Père Noël ?

Une roue de secours.

Qu'est-ce que la girafe a demandé comme cadeau au Père Noël ?

Un cache-col.

Que dit la poule au fermier le 1er janvier ?

« Je vous présente mes meilleurs v'œufs. »

Qu'est-ce que les coccinelles demandent au Père Noël ?

Une crème contre les points noirs.

Qu'est-ce que l'éléphant a demandé comme cadeau au Père Noël ?

Une trompe de chasse.

Qu'est-ce que les ours blancs demandent au Père Noël ?

Ils ne demandent rien, ils boudent. La preuve, ils dorment tout l'hiver.

Qu'est-ce que les vers luisants demandent au Père Noël ?

Une radio, parce qu'ils ont déjà la lumière pour faire la fête le soir.

Quel cadeau les souris ne demandent-elles jamais pour Noël ?

Des langues-de-chat.

Qu'est-ce que les boas demandent au Père Noël ?

Une gourde avec de l'eau bien fraîche parce qu'ils « boa-vent » tellement !

Qu'est-ce que les chauves-souris demandent au Père Noël ?

Une jolie perruque.

Qu'est-ce que les palourdes demandent au Père Noël ?

Quelques grammes de plus.

Que demandent les papillons pour Noël ?

Une copine « mamillon ».

Que demandent les poissons volants pour Noël ?

Une raquette de badminton.

Que demandent les pélicans pour Noël ?

Un « seau-ican » et un « râteau-ican » pour aller à la plage.

Que demandent les rainettes au Père Noël ?

Un peigne à cheveux pour continuer à avoir des raies nettes.

Que demandent les tatous pour Noël ?

Une grande valise, parce que quand ils partent, leur femme leur demande : « Tatou pris ? »

Que demandent les sardines au Père Noël ?

Un peu plus de place en boîte.

Qu'est-ce que les requins-marteaux demandent au Père Noël ?

Une boîte de pansements.

Qu'est-ce que les truies coquettes demandent au Père Noël ?

Un joli groin de beauté.

Yeux fragiles

Le Père Noël entre dans un magasin et demande des lunettes noires.

« C'est pour le soleil ?

- Non, c'est pour moi. »

Yeux fragiles (suite)

Toujours chez l'opticien, on demande au Père Noël :

« Vous désirez des lunettes pour voir de près ou de loin ?

- Heu... pour voir à travers ! »

Atchoum !

Pendant que tout le monde déballe ses cadeaux, Dorian éternue plusieurs fois de suite. Son frère lui dit :

« Mets ta main devant ta bouche quand tu éternues !

- J'ai déjà essayé, ça n'empêche vraiment pas d'éternuer ! »

Parité

Dans un café, le Père Noël appelle le patron :

« Ça fait une demi-heure que j'appelle un garçon pour être servi et personne ne vient !

- C'est normal, monsieur Noël, je n'ai que des serveuses ! »

Quel talent !

Raoul raconte sa rencontre avec le Père Noël.

« Tu sais, le Père Noël ne sait pas ce que c'est qu'un renne !

- Vraiment ? Oh, ça m'étonnerait quand même !

- Si, c'est vrai ! À l'école, quand je lui ai montré le renne que j'avais dessiné, il m'a demandé ce que c'était ! »

Cours de cuisine

Daphné rentre chez un libraire et lui demande un livre de cuisine pour le repas du réveillon.

« Un gros ou un petit ? demande le libraire.

- Oh, un petit suffira, nous ne sommes pas de gros mangeurs ! »

Guérison rapide

À l'hôpital, le docteur examine le Père Noël qui a fait une mauvaise chute dans une cheminée.

« Ce n'est rien, dans une semaine vous pourrez danser le rock !

- Ce serait un vrai miracle, parce qu'avant mon accident, je ne savais pas du tout danser ! »

Un chien bien dressé

Le Père Noël discute avec son voisin :

« Mon chien m'apporte le journal chaque matin.

- Et alors ? Le mien aussi !

- Oui, mais moi, je ne suis même pas abonné... »

Disparition

Juste avant de passer à table, maman s'écrie :

« Dis donc, Lukas, il y avait deux bûches au chocolat pour le dessert du réveillon ! Tu peux me dire pourquoi il n'en reste plus qu'une ?

- C'est parce que je n'avais pas vu la seconde. »

Bon voisinage

Pendant les vacances de Noël, une femme regarde par la fenêtre et dit à son mari :

« Chéri, tu devrais prendre exemple sur notre voisin : chaque matin, il embrasse sa femme.
- Mais, voyons... ce n'est pas possible, répond le mari. Je ne la connais pas, sa femme ! »

Quel aveu !

Deux hommes discutent :

« Moi, je n'aime pas la période de Noël.

- Pourquoi ?

- Parce qu'il fait froid et que les gens dorment toujours avec la fenêtre fermée.

- Et alors, vous êtes claustrophobe ?

- Non, je suis cambrioleur. »

Grand nettoyage

Le Père Noël raconte à l'un de ses lutins :

« Quand je décide de laver mon traîneau,
je commence par la plaque d'immatriculation.

- Pourquoi ?

- Pour être sûr que c'est bien le mien ! »

Rires d'hiver

Ce qu'il y a de bien à Noël, en plus des cadeaux,
ce sont les vacances. Quand, en plus,
on a la chance de pouvoir les passer
à la montagne, on peut s'amuser
à fabriquer des bonshommes de neige
avec un grand sourire.
Et s'il fait trop froid,
on peut rester à l'intérieur
et se raconter des devinettes...

Quelle est l'activité de montagne préférée des tennismans ?

La raquette.

Pourquoi y a-t-il deux fois plus de neige chez mon voisin que chez moi ?

Parce que son jardin est deux fois plus grand !

Sur la piste de ski, je suis un skieur et, pourtant, je ne suis pas un skieur. Pourquoi ?

Parce que je « suis » (du verbe « suivre ») un skieur alors que moi, je « suis » (du verbe « être ») un promeneur en raquettes.

En hiver, quand les oies sauvages s'en vont dans le Nord, elles partent avec leurs petits. Sais-tu comment on appelle le petit d'une oie ?

Une noisette.

Quand les animaux disputent une course à ski, qui arrive toujours premier ?

Le pou, parce qu'il est toujours en tête.

Pourquoi, à la montagne, les chalets sont-ils construits en bois ?

Parce qu'on avait déjà utilisé toutes les pierres pour faire la montagne.

Parmi les animaux qui vivent dans la montagne en hiver, combien mangent avec leur queue ?

Tous : aucun ne quitte sa queue quand il mange !

Pourquoi les professeurs, pendant leurs vacances d'hiver, admirent-ils les thermomètres posés à l'extérieur des chalets ?

Parce que eux, quand ils indiquent zéro, tout le monde tremble !

Quel animal a sa queue dans son nom ?

Le bou-queue-tin (bouquetin).

Monsieur et madame Labanquise
ont une fille.
Comment s'appelle-t-elle ?

Éléonore Labanquise
(elle est au nord, la banquise).

Qu'est-ce qui est blanc, froid,
qui tombe en hiver et
qui finit par « ur » ?

La neige, bien sûr !

Qu'est ce qui est blanc, froid,
qui tombe en hiver et
qui finit par « our » ?

La neige, tu es sourd ?

Un skieur descend une piste rouge jusqu'au village. Son frère prend le téléphérique et monte jusqu'en haut de la piste. Comment s'appellent ces deux skieurs ?

Ils s'appellent avec leur téléphone.

Quel est l'animal le plus laid de la montagne ?

Le chat, parce qu'il y a un chat laid (chalet).

Que fait la salade en vacances à la montagne ?

De la mâche à pied.

Quelle mer est toujours froide, même par une chaude journée d'été ?

La mer de Glace.

Comment faire pour avoir de la réception sur son téléphone en montagne ?

Il faut recharger sa carte « cime ».

Comment appelle-t-on quelqu'un qui dévale d'une corniche ?

Un cornichon.

Comment appelle-t-on quelqu'un qui ne nous lâche pas d'une semelle en randonnée ?

Un crampon.

Pourquoi, quand on descend une piste de ski, on voit toujours des skieurs maladroits qui tombent devant nous ?

Parce que ceux qui tombent derrière nous, on ne les voit pas !

Un escargot marron et un escargot noir font une course à ski. Lequel arrivera le premier ?

On ne sait pas, il faudra demander ça à nos arrière-arrière-arrière petits-enfants...

Un skieur esquimau et un skieur lapon arrivent en haut d'une piste noire. Ils y voient une pancarte qui dit : « Piste interdite ». Pourtant, ils décident tous les deux d'y skier. Pourquoi ?

Parce qu'aucun des deux ne sait lire le français.

Quel bruit font des Esquimaux buvant du thé ?

Ils font « igloo, igloo, igloo ».

Qu'est-ce qui tombe sur la montagne et ne se fait jamais mal ?

La neige.

Comment appelle-t-on la mouche qui s'accroche à la montagne ?

La « mouche-queton ».

Quand peut-on être le premier à la montagne, même si on n'est pas forcément le meilleur ?

Lorsqu'on est premier de cordée.

Comment appelle-t-on une moufle qui n'est pas rigide ?

Une « mou-moufle ».

Que dit un légume qui en a assez de skier ?

Salsifis !

Quel est le sommet le plus clair ?

Le mont Blanc.

Où va un montagnard qui a le mal du pays s'il visite Paris en été ?

Chez le glacier.

Quel animal rigole souvent ?

La « marre-motte ».

Que demande l'edelweiss au sapin s'il veut réparer ses pétales ?

« Tu peux me prêter une aiguille ? »

Comment appelle-t-on une randonnée organisée par un ogre vert ?

Du « shrek-king » !

Jamais contente

La mère de Séverine a préparé une belle bûche pour le réveillon de Noël.

« Maman, je voudrais un petit morceau de bûche au chocolat.

- Mais je viens de t'en donner un gros !

- Oui, je l'ai mangé pour te faire plaisir, mais moi, j'en voulais un petit. »

Histoire de famille

Le papa de Mehdi a reçu des affaires de camping en cadeau de Noël.

« Ce sera parfait cet été, quand on partira en vacances : on pourra emmener une tente !

- Laquelle, tante Céline ou tante Gwenaëlle ? »

C'est plus prudent

Au moment d'écrire sa lettre au Père Noël, Yaël demande à son papa :

« Est-ce que tu penses que je pourrais avoir une bicyclette ?

- Le Père Noël t'en offrira une quand tu sauras épeler le mot correctement.

- Alors je vais plutôt lui demander un vélo ! »

Protégeons la nature

Arnold demande à sa maman, qui découvre dans ses cadeaux un manteau de fourrure :

« Qu'est-ce que c'est comme fourrure ?

- Du synthétique.

- Et ça vit où cette bête-là ? »

Noël à la campagne

Noémie arrive en retard à l'école le 3 janvier.

« Excusez-moi, on a mangé mon réveil pendant les vacances de Noël.

- Et depuis quand les réveils se mangent ?

- Ben, mon réveil, c'était le coq ! »

Mauvais esprit

« Ma chérie, ta bûche me rappelle celles que faisait ma mère, dit un mari à sa femme.

- C'est gentil, ta mère est une très bonne cuisinière.

- Oui, mais s'il y a une chose qu'elle a toujours ratée, ce sont les bûches de Noël ! »

Quelle santé !

Un journaliste arrive dans le village du Père Noël et demande au maire : « J'ai appris que vous aviez un centenaire dans votre commune ; j'aimerais beaucoup lui parler. Est-ce possible ?

- Hélas, c'est impossible : son père ne le laisse jamais sortir ! »

Un climat insupportable

Deux amis parlent des vacances de Noël :

« Moi, je pars en Thaïlande, j'ai envie de soleil.

- Mais il y fait jusqu'à 37 °C à l'ombre !

- Eh bien... je ne suis pas obligé de rester à l'ombre ! »

Shopping de Noël

Deux prisonniers discutent dans leur cellule :

« Pourquoi es-tu ici ?

- J'ai fait des chèques sans provision pour acheter des cadeaux de Noël, et toi ?

- Moi, j'ai fait des provisions sans chèque… »

Pas de chance !

Avant de partir pour le réveillon, un homme pas très propre se prépare à prendre son bain quand le téléphone se met à sonner. Il s'exclame :

« Chaque fois que je me décide à me laver, on me dérange ! Quand j'ai pris mon dernier bain, l'année dernière, c'était la même chose ! »

Traitement de choc

Le Père Noël est à l'hôpital car il a une mauvaise toux. Le médecin chef arrive dans sa chambre au moment où un nouvel infirmier est en train de le secouer comme un prunier.

« Vous êtes fou ! s'écrie le médecin chef.

- Je suis désolé, répond l'infirmier, mais j'avais oublié de secouer le flacon avant de donner son sirop au Père Noël. »

Stars de Noël

Le Père Noël a tellement de travail que, dans certains pays, c'est saint Nicolas qui se charge d'apporter des cadeaux aux enfants sages. Mais attention ! saint Nicolas a un compagnon grognon, le Père Fouettard, qui a tendance à offrir des cadeaux empoisonnés aux enfants qui n'ont pas été assez sages !

Quelle viennoiserie le Père Noël cache-t-il sous son manteau ?

Une brioche !

Quel cadeau apporte saint Nicolas à la petite Odile ?

Une « O » de toilette.

Et le Père Fouettard ?

Un « croque-Odile » !

Comment fait-on entrer deux Pères Noël dans un réfrigérateur ?

Impossible, il n'existe qu'un seul Père Noël !

Quel cadeau apporte saint Nicolas à la petite Zoé ?

Un « zoli zouet ».

Et le Père Fouettard ?

Un « zouet » cassé !

Que fait saint Nicolas quand il tombe dans une piscine ?

Plouf !

Quel cadeau apporte saint Nicolas au petit Malo ?

Une « Malo-tarie » en peluche.

Et le Père Fouettard ?

Un « Malo-dos ».

Quel cadeau apporte saint Nicolas à Déborah ?

« Déborah-teaux » pour faire du jardinage.

Et le père Fouettard ?

« Déborah » bien gras et affamés pour lui grignoter les pieds.

Pourquoi le Père Noël porte-t-il des bretelles noires ?

Pour tenir son pantalon...

Quel cadeau apporte saint Nicolas au petit Sam ?

Un costume de « Sam-ouraï ».

Et le Père Fouettard ?

Des punitions tous les « Sam'dis ».

Quel cadeau apporte saint Nicolas au petit Ali ?

Un « Ali-gator » en plastique.

Et le Père Fouettard ?

Des « Ali-ments » moisis.

Pourquoi la glace du lac en face de chez le Père Noël est-elle toujours propre ?

Parce qu'on met des patins pour aller dessus !

Quel cadeau apporte saint Nicolas au petit Adam ?

Un « Adam-tier » de vampire.

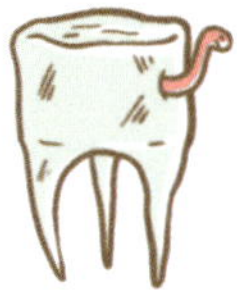

Et le Père Fouettard ?

Une « Adam-pourrie » !

Quel cadeau apporte saint Nicolas à la petite Lara ?

« Lara-quette » de tennis de ses rêves.

Et le Père Fouettard ?

« Lara-dio » en mille morceaux.

Quel cadeau apporte saint Nicolas au petit Guy ?

Un billet pour un spectacle de « Guy-gnol ».

Et le Père Fouettard ?

Un « Guy-de » de montagne tout déchiré.

Quel cadeau apporte saint Nicolas au petit Mick ?

Un « Mick-ro » pour chanter.

Et le Père Fouettard ?

Des « Mick-robes » et de la fièvre.

Quel cadeau apporte saint Nicolas au petit Pat ?

Des « Pat-ins » à glace.

Et le Père Fouettard ?

Des gâteaux « Pat-eux ».

Comment faire fuir le Père Noël ?

En décorant ton sapin avec des œufs de Pâques.

Combien d'œufs saint Nicolas est-il capable de manger à jeun ?

Un seul : à partir du deuxième, il n'est plus à jeun.

Quel cadeau apporte saint Nicolas à la petite Anne ?

Un film d'« Anne-imation ».

Et le Père Fouettard ?

Un « Anne-orak » affreux.

Quel cadeau apporte saint Nicolas au petit Tom ?

Un billet de « Tom-bola » gagnant.

Et le Père Fouettard ?

Des « Tom-ates » farcies alors qu'il a horreur de ça.

Que met la Mère Noël dans ses cheveux pour avoir de belles bouclettes ?

Des papillotes… en chocolat !

Quel cadeau apporte saint Nicolas à la petite Maud ?

Des vêtements à la « Maud-e ».

Et le Père Fouettard ?

Des « Maud-de » ventre.

Quel cadeau apporte saint Nicolas au petit Chris ?

Des beaux « Chris-taux ».

Et le Père Fouettard ?

Une « Chris-e » de nerf.

Qu'est-ce qui a 34 jambes, 9 têtes et 2 bras ?

Le Père Noël et ses rennes…

Quel cadeau apporte saint Nicolas au petit Jean ?

De l'« ar-Jean ».

Et le Père Fouettard ?

Des « Jean-cives » qui saignent.

Quel cadeau apporte saint Nicolas à la petite Debbie ?

« Debbie-zous ».

Et le Père Fouettard ?

« Debbie-dules » qui ne servent à rien.

Comment fait le Père Noël pour réparer son traîneau avec un seul doigt ?

Il téléphone au mécanicien avec son portable.

Quel cadeau apporte saint Nicolas à Éva ?

Un beau livre pour s'« Éva-der ».

Et le Père Fouettard ?

Un « Éva-nouissement ».

Comment s'y prend-on pour faire rire l'elfe du Père Noël ?

On le fait courir dans l'herbe : ça le chatouille sous les bras.

Quel cadeau apporte saint Nicolas au petit Marc ?

Un adorable « Marc-assin ».

Et le Père Fouettard ?

La maman du « Marc-assin », furieuse d'avoir perdu son petit.

Imprimé en Espagne par Graficas Estella
Dépôt légal : octobre 2012
308775-01/11017781 – septembre 2012